BEI GRIN MACHT SICH IHR WISSEN BEZAHLT

Digitale Geschäftsmodelle in der Medienbranche

Bibliografische Information der Deutschen Nationalbibliothek:

Die Deutsche Nationalbibliothek verzeichnet diese Publikation in der
Deutschen Nationalbibliografie; detaillierte bibliografische Daten sind
im Internet über http://dnb.d-nb.de abrufbar.

ISBN: 9783346751799
Dieses Buch ist auch als E-Book erhältlich.

© GRIN Publishing GmbH
Nymphenburger Straße 86
80636 München

Druck und Bindung: Books on Demand GmbH, Norderstedt Germany
Gedruckt auf säurefreiem Papier aus verantwortungsvollen Quellen

Das vorliegende Werk wurde sorgfältig erarbeitet. Dennoch
übernehmen Autoren und Verlag für die Richtigkeit von Angaben,
Hinweisen, Links und Ratschlägen sowie eventuelle Druckfehler keine
Haftung.

Das Buch bei GRIN: https://www.grin.com/document/1290086

Fallstudie

Digitalisierung in der Medienbranche

Kurs:	DLMIDBM01 – Digitale Business-Modelle
Studiengang:	Wirtschaftsinformatik (M.Sc.)
Tutorin:	
Verfasserin:	
Matrikelnummer:	
Abgabedatum:	09.04.2022

Inhaltsverzeichnis

Abbildungsverzeichnis

Tabellenverzeichnis

Abkürzungsverzeichnis

BMC   Business Model Canvas

1. Einleitung

Ob im privaten, beruflichen oder im unternehmerischen Umfeld – Digitalisierung ist allgegenwärtig. Durch das unternehmerische Streben nach Automatisierung standardisierter und sich wiederholender Geschäftsprozesse dient die Digitalisierung dazu, bestehende Produkte und Dienstleistungen digital zur Verfügung stellen zu können (Gassmann et al., 2021, S. 155–158). In den letzten Jahren wurden dabei verschiedene Megatrends und Geschäftsmodelle, welche die Digitalisierung beinhalten, entwickelt, wobei digitale Plattformen als Geschäftsmodell einen solchen Megatrend der Digitalisierung darstellen (Gassmann et al., 2021, S. 43).

Das Unternehmen Musikal ist in der Medienbranche bekannt für die Produktion von Filmen und Tonträgern und vertreibt diese überwiegend an Privatkundinnen und -kunden. Musikal strebt für den Bereich „Musikfilm / Musicals" ein digitales Produktangebot vor dem Hintergrund der Digitalisierung und der Realisierung von Synergien einzelner Unternehmensbereiche an, um das klassische Geschäftsfeld zu erweitern. Hierfür wird eine eigene digitale Video-Streaming-Plattform für die Distribution der Filme angestrebt. Die eigens produzierten Tonträger wie Filmmusik, CDs und Schallplatten sollen künftig über jene Plattform beworben werden, wenngleich digitale Musik, zu welcher die Filmmusik zählt, über zahlreiche namhafte Drittanbietende vertrieben werden soll.

Im Rahmen dieser Fallstudie werden nach einer Definition eines Geschäftsmodells sowie der Business Model Canvas (BMC) zunächst das digitale Geschäftsmodell des Video-Streaming-Unternehmens Netflix sowie von den Plattformen Amazon und Spotify zum Erwerb von Musik in Form einer BMC analysiert. Darauf aufbauend wird für den Bereich „Musikfilm / Musicals" von Musikal ein digitales Geschäftsmodell in Form der Wertarchitektur und der Wertemechaniken entwickelt. Auch diese beiden Begriffe werden zu Beginn definiert. Auf Basis der Ergebnisse der vorangegangenen Aspekte wird zudem eine Geschäftsstrategie formuliert.

2. Analyse von vorhandenen digitalen Geschäftsmodellen

Ein Geschäftsmodell dient der vereinfachten Darstellung der wertschöpfenden Abläufe und Interaktionen eines Unternehmens, durch welche ersichtlich wird, wie Kundinnen und Kunden profitieren, Wettbewerbsvorteile gesichert werden und welche Umsätze dadurch an das Unternehmen zurückfließen (Maisch & Vladés, 2022, S. 61). Ein digitales Geschäftsmodell bezeichnet die Gestaltung von Beziehungen zwischen einem Leistungsanbietenden und Gruppen, welche mittels IP-basierten Netzwerken auf digitalen Plattformen im Rahmen einer Transaktion digitale Informationen und Leistungen wechselseitig austauschen (Hoffmeister, 2017, S. 28–30).

Die von Osterwalder und Pigneur entwickelte BMC zur schematischen Abbildung von Geschäftsmodellen beleuchtet die wichtigsten Bestandteile eines Geschäftsmodells. Das Leistungsversprechen wird dabei durch die Elemente Kundensegmente, Kundenbeziehungen und Kanäle dargestellt, während die Schlüsselaktivitäten, -ressourcen und -partner sowie die Kostenstruktur die Leistungserstellung widerspiegeln. Das Erlösmodell analysiert, wie aus den angebotenen Leistungen Gewinn erwirtschaftet werden kann (Maisch & Vladés, 2022, S. 62–65).

2.1. Video-Streaming-Unternehmen Netflix

Netflix hat das Konzept des Videothekengeschäfts neu aufgestellt, denn zu Beginn vertrieb Netflix Videos und DVDs per Post an Kundinnen und Kunden und baute mit Verbreitung des Internets das Geschäftsmodell in Richtung Online-Streaming-Service aus (Gassmann et al., 2021, S. 21). Das Flatrate-basierte Geschäftsmodell, bei welchem Interessenten für einen monatlichen Pauschalbetrag unbeschränkten Zugang zu allen Inhalten erhalten, konnte bereits mehr als 150 Millionen Nutzende begeistern (Gassmann et al., 2021, S. 339). Zudem wendet Netflix das Long-Tail-Muster an, welches auf Nischen- und Massenprodukte setzt und auf der Annahme basiert, dass durch die Möglichkeiten des Internets gerade Nischenprodukte für den wirtschaftlichen Erfolg eines Unternehmens sehr wichtig sein können, wodurch Nutzenden eine breite Angebotspalette von über 100.000 Filmen, Serien und TV-Shows geboten werden kann (Gassmann et al., 2021, S. 240–241). Netflix bietet auf der benutzerfreundlichen Plattform zudem Eigenproduktionen unter dem Titel „Netflix Original" an. Basierend auf den bisher angesehenen Inhalten erhalten Nutzende durch einen entsprechenden Algorithmus Empfehlungen von Netflix für Serien und Filme, die gefallen könnten. Zu den Kanälen gehören neben der eigenen Website auch internetfähige Geräte, auf welchen die Netflix-App installiert werden kann, wie beispielsweise Smart-TVs, Spielkonsolen, Smartphones und Tablets. Über die App besteht zudem die Möglichkeit, Inhalte herunterzuladen, um jene auch ohne Internetverbindung streamen zu können (Netflix, Inc., 2022). Interessenten können zwischen drei Abonnementmodellen wählen, nach welchem sich auch die Wiedergabe-Qualität unterscheidet (Netflix International B.V., 2022a). Je Netflix-Konto können Personen aus einem Haushalt bis zu fünf Profile anlegen, wodurch beispielsweise auch eines speziell für Kinder eingerichtet werden kann (Netflix International B.V., 2022b). Zudem ist Netflix eine eingetragene Marke von Netflix, Inc. und nutzt soziale Medien, um mit den Nutzenden in Kontakt zu treten und Werbung zu schalten. Die Kostenstruktur besteht aus Kosten für das Humankapital und die Infrastruktur unter anderem für den Support der Nutzenden und notwendige Rechenzentren sowie die Eigenproduktionen und Lizenzierungen. Des Weiteren sind Investoren und Regulierungsbehörden Schlüsselpartner des Streamingdienstes (Netflix International B.V., 2022c). Tabelle 1 zeigt die BMC nach Osterwalder und Pigneur von Netflix.

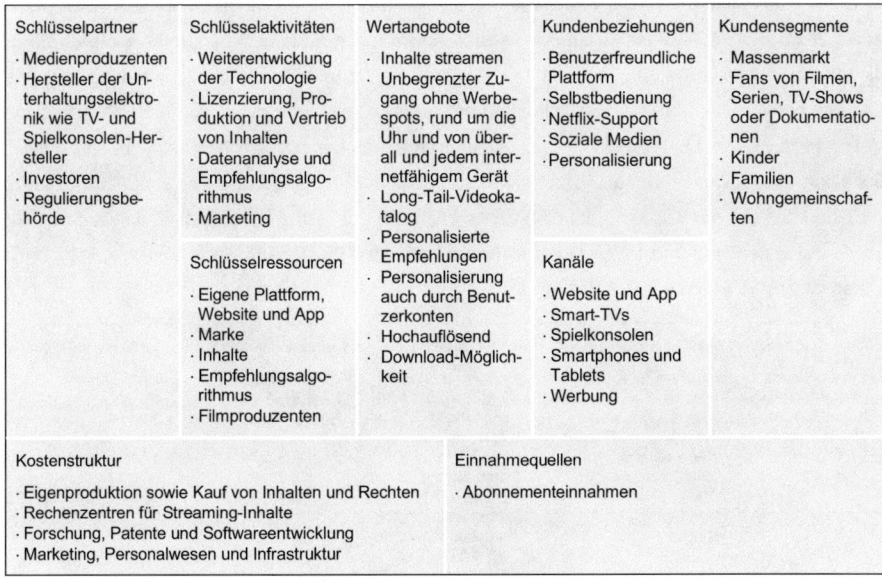

Schlüsselpartner	Schlüsselaktivitäten	Wertangebote	Kundenbeziehungen	Kundensegmente
· Medienproduzenten · Hersteller der Unterhaltungselektronik wie TV- und Spielkonsolen-Hersteller · Investoren · Regulierungsbehörde	· Weiterentwicklung der Technologie · Lizenzierung, Produktion und Vertrieb von Inhalten · Datenanalyse und Empfehlungsalgorithmus · Marketing	· Inhalte streamen · Unbegrenzter Zugang ohne Werbespots, rund um die Uhr und von überall und jedem internetfähigem Gerät · Long-Tail-Videokatalog · Personalisierte Empfehlungen · Personalisierung auch durch Benutzerkonten · Hochauflösend · Download-Möglichkeit	· Benutzerfreundliche Plattform · Selbstbedienung · Netflix-Support · Soziale Medien · Personalisierung	· Massenmarkt · Fans von Filmen, Serien, TV-Shows oder Dokumentationen · Kinder · Familien · Wohngemeinschaften
	Schlüsselressourcen · Eigene Plattform, Website und App · Marke · Inhalte · Empfehlungsalgorithmus · Filmproduzenten		**Kanäle** · Website und App · Smart-TVs · Spielkonsolen · Smartphones und Tablets · Werbung	

Kostenstruktur	Einnahmequellen
· Eigenproduktion sowie Kauf von Inhalten und Rechten · Rechenzentren für Streaming-Inhalte · Forschung, Patente und Softwareentwicklung · Marketing, Personalwesen und Infrastruktur	· Abonnementeinnahmen

Tabelle 1: Business Model Canvas von Netflix. Quelle: Eigene Darstellung.

2.2. Onlineshops für Musik

Die Distribution digitaler Musik wurde in den letzten Jahren durch die Digitalisierung und ständige Weiterentwicklung von Endgeräten stark beeinflusst. Im Sinne digitaler Vertriebswege gibt es zwei vorherrschende Arten: Downloadplattformen und abonnementbasierte Streamingdienste. Über Downloadplattformen werden einzelne Lieder oder Alben gegen eine einmalige Gebühr vertrieben, welche in rein digitaler Form der kaufenden Person bereitgestellt werden. Bei abonnementbasierten Streamingdiensten wird für einen monatlichen Festbetrag der Zugriff auf das gesamte Angebot des jeweiligen Anbietenden gewährleistet, ohne dass den Nutzenden Dateien bereitgestellt werden, sondern diese lediglich aus dem Internet oder der App wiedergegeben werden können (Jannach et al., 2017, S. 148–151).

2.2.1. Amazon

Amazon bietet als große Verkaufsplattform neben einer Downloadplattform einzelner Musikstücke oder Alben auch den Verkauf von Schallplatten und CDs an und verfügt darüber hinaus über einen Streamingdienst. Nach dem Kauf digitaler Musikstücke oder für die Nutzung des Streamingdienstes wird die Amazon Music App genutzt, welche über alle internetfähigen Geräte, den entsprechenden

Webplayer sowie im Auto und über eigene Produkte von Amazon wie Amazon Echo Geräte abgerufen werden kann. Durch die App wird den Nutzenden neben den vielen nutzbaren Kanälen ein unbegrenzter Zugang ermöglicht (Amazon.com, Inc., 2022). Die Marke Amazon mit dem Lächeln von A bis Z im Logo dient als Symbol für die Vision des Unternehmens. Zudem war jene im Jahr 2019 die wertvollste Marke der Welt, wodurch diese eine Schlüsselressource darstellt (Gassmann et al., 2021, S. 167). Wie Netflix analysiert auch Amazon vorhandene Daten und erstellt auf Basis dieser Daten personalisierte Empfehlungen, wobei hierfür und für die Kundenbindung und das dadurch notwendige Marketing hohe Kosten entstehen (Gassmann et al., 2021, S. 226). Für den Verkauf von CDs und Schallplatten entstehen dem Unternehmen zusätzliche Kosten für die Logistik, um einen reibungslosen Versand und Rückversand zu ermöglichen (Gassmann et al., 2021, S. 40). Daneben besteht die Kostenstruktur Amazons ebenfalls aus dem Humankapital, der Infrastruktur sowie der Forschung und Entwicklung (Amazon.com, Inc., 2021). Tabelle 2 zeigt die BMC nach Osterwalder und Pigneur von Amazon.

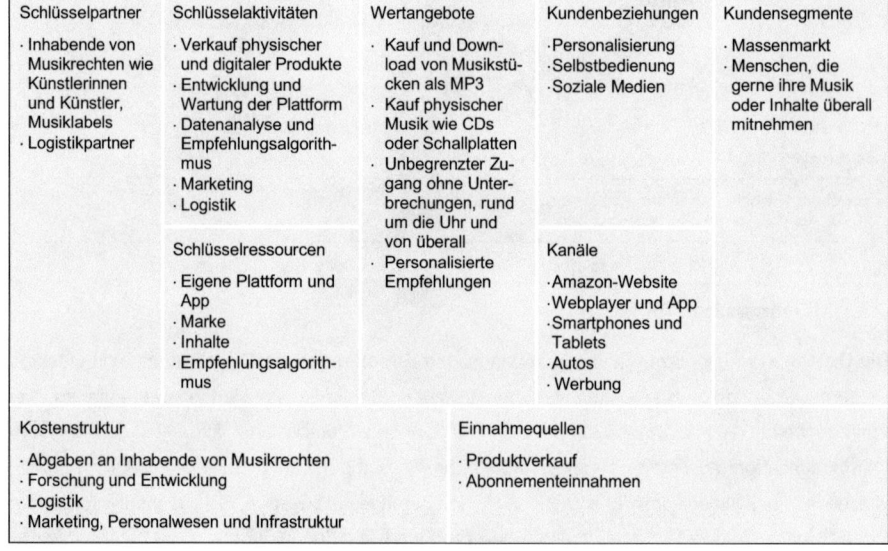

Schlüsselpartner	Schlüsselaktivitäten	Wertangebote	Kundenbeziehungen	Kundensegmente
· Inhabende von Musikrechten wie Künstlerinnen und Künstler, Musiklabels · Logistikpartner	· Verkauf physischer und digitaler Produkte · Entwicklung und Wartung der Plattform · Datenanalyse und Empfehlungsalgorithmus · Marketing · Logistik	· Kauf und Download von Musikstücken als MP3 · Kauf physischer Musik wie CDs oder Schallplatten · Unbegrenzter Zugang ohne Unterbrechungen, rund um die Uhr und von überall · Personalisierte Empfehlungen	·Personalisierung ·Selbstbedienung ·Soziale Medien	· Massenmarkt · Menschen, die gerne ihre Musik oder Inhalte überall mitnehmen
	Schlüsselressourcen · Eigene Plattform und App · Marke · Inhalte · Empfehlungsalgorithmus		**Kanäle** ·Amazon-Website ·Webplayer und App ·Smartphones und Tablets ·Autos · Werbung	

Kostenstruktur	Einnahmequellen
· Abgaben an Inhabende von Musikrechten · Forschung und Entwicklung · Logistik · Marketing, Personalwesen und Infrastruktur	· Produktverkauf · Abonnementeinnahmen

Tabelle 2: Business Model Canvas von Amazon. Quelle: Eigene Darstellung.

2.2.2. Spotify

Spotify ist ein abonnementbasierter Streamingdienst (Locher, 2022, S. 240). Das in Schweden gegründete Unternehmen bietet urheberrechtlich geschützte Musik an und zählt mehr als 100 Millionen Nutzende. Davon beziehen rund ein Drittel den kostenpflichten Service, wenngleich auch der kostenlose Zugang zur gesamten Musikbibliothek, jedoch mit einer begrenzten Anzahl an Stunden im Monat und mit kurzen Werbespots, von vielen genutzt wird. Bei der kostenpflichtigen Premiumversion von Spotify können die Inhalte ohne Unterbrechung gestreamt werden. Diese Art eines

Geschäftsmodells wird als „Freemium" bezeichnet. Wie Netflix wendet auch Spotify das Long-Tail-Muster an (Gassmann et al., 2021, S. 171,191). Spotify zeichnet sich zudem durch eine große Offenheit aus, da es nicht nur als App auf Smartphones installiert werden kann, sondern auch über In-Car-Multimedia-Systeme genutzt werden kann oder auf Computern über den Webplayer. Darüber hinaus bietet der Streamingdienst einen hohen Personalisierungsgrad durch die Auswertung der bevorzugten Genres oder Interpreten und die automatisierte Erstellung von Abspiellisten, welche auch als Playlists bezeichnet werden. Hierfür muss das Unternehmen die ständige Verfügbarkeit der Services in hoher Qualität, die einfache Nutzbarkeit und schnelle Anpassungen der Benutzeroberfläche gewährleisten (Locher, 2022, S. 240–241). Zu den Schlüsselpartnern gehören Musiklabels, Inhabende von Musikrechten, unabhängige Künstlerinnen und Künstler sowie Personen oder Unternehmen, welche Podcasts herstellen. Auch Spotify betreibt Marketing gezielt über soziale Medien und vermarktet somit die eigene Marke und die Inhalte der Plattform, wofür auch Kosten entstehen. Des Weiteren entstehen Kosten für die Lizenzierung, Forschung und Entwicklung, Personal und die Infrastruktur. Neben den Einnahmen durch die Abonnements können durch Werbungen Einnahmen generiert werden, jedoch ist dies abhängig von vielen Faktoren wie der Auswirkungen der Corona-Pandemie auf Werbetreibende. Zu den Schlüsselressourcen werden zudem Entwickelnde gezählt, die den Open-Source-Quellcode stetig weiterentwickeln. Darüber hinaus erzielt Spotify durch die Bereitstellung der entwickelten Technologien unter Open-Source-Lizenzen weitere Einnahmen (Spotify Technology S.A., 2022). Zu den Kundensegmenten gehören auch Familien, welche von dem Abonnementmodell „Spotify Premium Family" profitieren, da hiermit sechs Familienmitglieder unter sich ein Konto teilen können. Spotify Premium Family ermöglicht zudem den Zugriff auf die Spotify Kids App, wodurch die Kundensegmente von Spotify um Kinder erweitert werden können (Spotify AB, 2022). Tabelle 3 veranschaulicht die BMC nach Osterwalder und Pigneur von Spotify.

Schlüsselpartner	Schlüsselaktivitäten	Wertangebote	Kundenbeziehungen	Kundensegmente
· Inhabende von Musikrechten wie Künstlerinnen und Künstler, Musiklabels, Unternehmen, welche Podcasts herstellen	· Entwicklung und Wartung der Plattform · Datenanalyse und Empfehlungsalgorithmus · Marketing **Schlüsselressourcen** · Eigene Plattform, Website und App · Entwickelnde · Marke · Inhalte · Empfehlungsalgorithmus	· Kostenloser Musik-Streamingdienst mit Werbung · Premium: Unbegrenzter Zugang ohne Werbespots, rund um die Uhr und von überall und jedem internetfähigem Gerät · Personalisierung durch eigens erstellte und empfehlungsbasierte Playlists · Long-Tail-Musikkatalog	·Personalisierung ·Selbstbedienung ·Soziale Medien **Kanäle** ·Webplayer ·App ·Autos ·Smartphones und Tablets ·Werbung	· Massenmarkt · Familien · Kinder

Kostenstruktur	Einnahmequellen
· Abgaben an Inhabende von Musikrechten · Forschung und Entwicklung · Marketing, Personalwesen und Infrastruktur	· Abonnementeinnahmen · Werbeeinnahmen · Lizenzierung

Tabelle 3: Business Model Canvas von Spotify. Quelle: Eigene Darstellung.

3. Digitales Geschäftsmodell des Bereichs „Musikfilm / Musicals" von Musikal

3.1. Geschäftsmodell

Für die Erweiterung des Bereichs „Musikfilm / Musicals" strebt das Unternehmen Musikal eine eigene Video-Streaming-Plattform an, auf welcher die eigens produzierten Filme vertrieben und produzierte Tonträger vermarktet werden sollen.

Diese Plattform soll wie eine Kombination aus den bisher analysierten Geschäftsmodellen von Netflix, Amazon und Spotify aufgebaut werden. Die eigene Plattform kann über die Website oder die entsprechende App genutzt werden und verfolgt sowohl das Flatrate-basierte als auch das Free-mium-Geschäftsmodell. Jede an der Plattform interessierte Person kann die Auswahl an eigens produzierten Filmen einsehen. Um jene streamen zu können und unbeschränkten Zugang zu allen Inhalten zu erhalten, müssen Interessenten im Sinne des Flatrate-basierten Geschäftsmodells einen monatlichen Festbetrag entrichten. Dabei ist es möglich, die Filme auch herunterzuladen, um den Abonnierenden auch ohne Internetzugang einen Zugriff zu ermöglichen.

Für die Vermarktung der Filmmusik, CDs und Schallplatten werden die entsprechenden Tonträger unter dem jeweiligen Film, in welchem die Musik verwendet wird, eingeblendet und auf die Drittan-bietenden Amazon und Spotify verwiesen. Dadurch ist sowohl das Streamen der Filmmusik über Spotify als auch der Erwerb von CDs und Schallplatten über Amazon abgedeckt. Auch der Download einzelner Musikstücke wird dadurch ermöglicht. Dabei nutzt Musikal zudem das Geschäftsmodell-muster Affiliation, um an erworbenen Tonträgern, welche über die implementierten Links gekauft wurden, eine Provision zu erhalten.

Jede abonnierte Person der Plattform muss ein persönliches Konto erstellen, um die Zahlweise und Benutzerdaten zu verwalten und Filme streamen zu können. Auch bietet das Konto dem Betreiben-den die Möglichkeit, weitere Filme auf Basis der bereits angesehenen Inhalte zu bewerben.

3.2. Wertearchitektur und Wertemechaniken

Innerhalb eines Geschäftsmodells werden Transaktionen, auch Austauschprozesse genannt, durch-geführt, wobei eine solche durch einen definierten Anfang und ein definiertes Ende gekennzeichnet ist. Die Wertearchitektur eines digitalen Geschäftsmodells beschreibt somit Prozesse, welche einen Austausch von Leistungen und Gegenleistungen zwischen Leistungsgruppen ermöglichen. Jene Leistungsgruppen werden auch als Performancegruppen bezeichnet. Grundsätzlich lässt sich das Geschäftsmodell durch die erbrachten Leistungen, die Performancegruppen und die Gratifikation, welche die Gegenleistungen darstellt, beschreiben. Diese drei Elemente können schematisch dargestellt werden, wodurch zwei Komponenten des Geschäftsmodells zueinander ins Verhältnis gesetzt werden können. Diese sich unendlich wiederholbaren Austauschbeziehungen, welche als Wertemechanik bezeichnet werden, zeigen, wie der Austausch von Leistungen und Gratifikationen zwischen den Performancegruppen abläuft (Hoffmeister, 2017, S. 254–257).

Im vorliegenden digitalen Geschäftsmodell handelt es sich um zwei Performancegruppen, die Nutzenden und Musikal selbst, welche Leistungen erhalten. Die Streaming-Plattform wird zwischen diese beiden Akteure geschaltet. Die Nutzenden erhalten durch das Konto auf der Plattform unbegrenzt die Möglichkeit, die von Musikal produzierten Filme zu streamen. Musikal kann durch die Vermarktung der eigenen Tonträger unter den entsprechenden Filmen über Affiliate-Links jene ebenfalls online anbieten, wodurch das Unternehmen die Plattform zum Online-Vertrieb der gesamten eigenen Produktionen nutzen kann und dadurch Zugriff auf die Daten der Nutzenden erhält. Abbildung 1 zeigt die Wertearchitektur von Musikal.

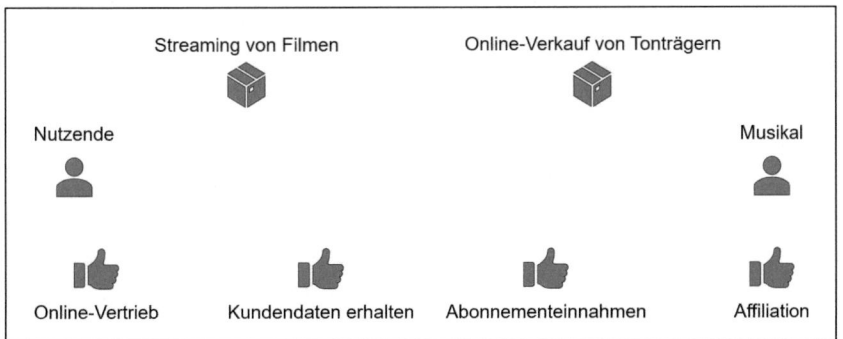

Abbildung 1: Wertearchitektur von Musikal. Quelle: Eigene Darstellung.

Abbildung 2 veranschaulicht die Wertemechanik zwischen den Nutzenden und den Drittanbietenden, welche die Tonträger von Musikal anbieten. Dabei haben die Nutzenden die Möglichkeit, über einen entsprechenden Affiliate-Link und je nach Präferenz zu Spotify oder Amazon zu wechseln. Dadurch besteht die Option, das gewünschte Musikstück zu streamen, downzuloaden oder auch als CD oder Schallplatte zu erwerben. Nach dem Erwerb einer CD, Schallplatte oder dem genutzten Stream des Musikstücks erhält Musikal hierfür eine Provision.

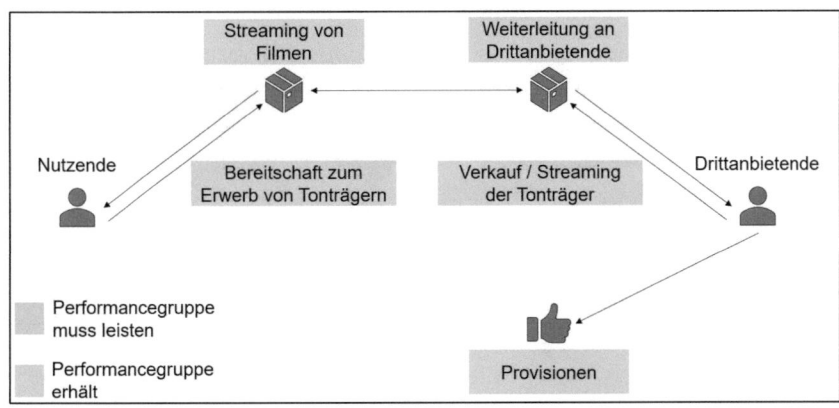

Abbildung 2: Wertemechanik zwischen Nutzenden und Drittanbietenden. Quelle: Eigene Darstellung.

4. Geschäftsstrategie des Bereichs „Musikfilm / Musicals" von Musikal

Strategie und Geschäftsmodell beeinflussen sich gegenseitig, wenngleich besonders digitale Geschäftsmodelle keine vorausgehende strategische Planung bedürfen. Auch wenn die Geschäftsstrategie sich an das jeweilige Modell anpassen und diesem folgen kann, ist eine Formulierung notwendig und beinhaltet Fragen der Finanzierung, Wettbewerbsdifferenzierung und der Zielentwicklung (Seddon & Lewis, 2003).

Musikal und das bisher klassisch ausgelegte Geschäftsmodell bedient Kundinnen und Kunden mit Interesse an Filmen sowie an Musik in Form von CDs und Schallplatten. Das Unternehmen versucht nun in einen Markt einzutreten, welcher bereits durch die vorhandenen großen und bekannten Streamingdienste und Onlineshops zum Erwerb von Musikstücken wie die untersuchten Plattformen Netflix, Amazon und Spotify von einer hohen Wettbewerbsintensität geprägt ist.

Durch die erhöhte Konkurrenz am Markt und die zunächst vorgesehene Konzentration auf Musicals und Musikfilme wird eine Nischenstrategie geplant und der Fokus auf Interessenten dieser zwei Bereiche gelegt, um gegenüber der breit aufgestellten Konkurrenz eine größere Auswahl an Musikfilmen und Musicals bieten zu können. Dies ermöglicht Musikal eine nischenweite Überlegenheit am Markt (Berndt et al., 2020, S. 239).

Die Distribution der Tonträger über Amazon und Spotify erfolgt über eine Kooperation, womit eine längerfristige Beziehung zwischen selbstständig handelnden Unternehmen verstanden wird und eine Verbesserung der eigenen Position am Markt durch die Inanspruchnahme der Stärken des kooperierenden Unternehmens und das Erzielen von Synergieeffekten angestrebt wird. In Bezug auf den Markteintritt bietet die Kooperation durch Affiliation zudem den Vorzug, dass Zugriff auf fremdes Know-how besteht und vorherrschende Markteintrittsbarrieren überwunden werden können (Berndt et al., 2020, S. 184–185). Am Beispiel der Kooperation mit Amazon kann Musikal Kosten für die eigene Lagerhaltung und Logistik reduzieren und die CDs und Schallplatten in den Lagern von Amazon aufbewahren und von der Bekanntheit der Verkaufsplattform profitieren.

Musikal muss einen entsprechenden monatlichen Festbetrag für das Abonnement ansetzen, um den Markteintritt bestehen zu können. Die Digitalisierung des Produktangebots im Bereich Musikfilm und Musicals erlaubt die Einsparung von Materialkosten und ermöglicht dadurch eine flexiblere Preisgestaltung. Somit profitieren sowohl das Unternehmen als auch die Nutzenden von der Digitalisierung des Geschäftsmodells.

5. Abschluss

Der Online-Vertrieb der eigens produzierten Filme und Tonträger durch die Entwicklung eines digitalen Geschäftsmodells des Bereichs „Musikfilm / Musicals" von Musikal stellt im Vergleich mit den vorherrschenden Plattformen Netflix, Amazon und Spotify eine große Herausforderung dar. Die Bekanntheit und das vielfältige Angebot der bereits vorhandenen Plattformen erschweren den Markteintritt neuer Anbietenden in Bezug auf die Preisgestaltung und das Leistungsangebot.

Die erste Konzentration auf einen Unternehmensbereich ermöglicht es, Erfahrungen zu sammeln, aus Fehlern zu lernen und das dabei erworbene Wissen für die Umsetzung anderer Unternehmensbereiche anzuwenden und hierdurch Synergien einzelner Unternehmensbereiche zu realisieren. Dennoch ist es wichtig, das bestehende Geschäftsmodell über alle Bereiche hinweg bestehen zu lassen, sodass weiterhin Umsätze mit den bereits etablierten Kundensegmenten generiert werden können. Dadurch sind die bisherigen Kundinnen und Kunden auch nicht gezwungen, für eine Nutzung der Leistungen von Musikal die Kaufgewohnheiten zu verändern, sondern der Kundenstamm kann durch das Beibehalten der bisherigen Distribution aufrechterhalten und durch die neue Plattform erweitert werden.

Sowohl für das Aufrechterhalten des bisherigen Kundenstamms als auch die Gewinnung neuer Kundschaft ist eine adressatengerechte Kommunikation über den bisherigen Vertriebsweg und über soziale Medien notwendig. Dies ermöglicht Musikal eine große Reichweite und eine schnelle Reaktionszeit auf Wünsche seitens der Kundschaft, um das Produktangebot stetig verbessern zu können.

Literaturverzeichnis

Amazon.com, Inc. (2021). *Annual Report 2020*. https://ir.aboutamazon.com/annual-reports-proxies-and-shareholder-letters/default.aspx

Amazon.com, Inc. (2022). *Amazon Music: Alle Musikformate*. https://www.amazon.de/b/?node=1949586031&ref_=sv_dmusic_store_flyout_mai

Berndt, R., Fantapié Altobelli, C. & Sander, M. (2020). *Internationales Marketingmanagement* (6., überarbeitete und erweiterte Auflage). Springer Gabler.

Gassmann, O., Frankenberger, K. & Choudury, M. (2021). *Geschäftsmodelle entwickeln: 55+ innovative Konzepte mit dem St. Galler Business Model Navigator* (3., überarbeitete und erweiterte Auflage). Carl Hanser Verlag.

Hoffmeister, C. (2017). *Digital Business Modelling: Digitale Geschäftsmodelle entwickeln und strategisch verankern* (2., überarbeitete Auflage). Carl Hanser Verlag.

Jannach, D., Lerche, L. & Bonnin, G. (2017). Empfehlungssysteme, automatische Erzeugung von Wiedergabelisten und Musikdatenbanken. In G. Rötter (Hrsg.), *Springer Reference Psychologie. Handbuch Funktionale Musik: Psychologie - Technik - Anwendungsgebiete* (S. 121–157). Springer.

Locher, C. (2022). Digitale Transformation. In L. Fend & J. Hofmann (Hrsg.), *Digitalisierung in Industrie-, Handels- und Dienstleistungsunternehmen: Konzepte - Lösungen - Beispiele* (3. Aufl., S. 229–255). Springer Gabler.

Maisch, B. & Vladés, C. A. P. (2022). Kundenzentrierte digitale Geschäftsmodelle. In L. Fend & J. Hofmann (Hrsg.), *Digitalisierung in Industrie-, Handels- und Dienstleistungsunternehmen: Konzepte - Lösungen - Beispiele* (3. Aufl., S. 53–75). Springer Gabler.

Netflix International B.V. (2022a). *Abos und Preise*. https://help.netflix.com/de/node/24926?ui_action=kb-article-popular-categories

Netflix International B.V. (2022b). *Erste Schritte mit Netflix*. https://help.netflix.com/de/node/102377

Netflix International B.V. (2022c). *Welche Hinweise auf geistiges Eigentum sind zu berücksichtigen?* https://help.netflix.com/de/node/24852?ba=SwiftypeResultClick&q=Welche%20Hinweise%20auf%20geistiges%20Eigentum%20sind%20zu%20ber%C3%BCcksichtigen%3F

Netflix, Inc. (2022). *Annual Report 2021*. https://ir.netflix.net/financials/annual-reports-and-proxies/default.aspx

Seddon, P. & Lewis, G. (2003). Strategy and Business Models: What's the Difference? *PACIS 2003 Proceedings*(17). https://aisel.aisnet.org/pacis2003/17/

Spotify AB. (2022). *Spotify Premium Family*. https://www.spotify.com/de/family/

Spotify Technology S.A. (2022). *Annual Report 2021*. https://investors.spotify.com/finan-
    cials/default.aspx